# आगाज़ ए सफ़र
## YOUTH GROUP

### सौरभ कुमार

ISBN 979-888530016-2

# क्रम-सूची

# क्रम-सूची

# 1. Maqbool Alam

जब ज़ख्म ए दिल को हवा मिलता है,
तो आंसुओं को भी रास्ता मिलता है,
इश्क़ की इब्तदा की ये कैफियत देखिए,
इश्क़ की इंतेहां से पहले ख़ुदा मिलता है,
उमें गुज़ार दी जिसने वफ़ा परस्ती में,
उसी का यार देखिए बेवफ़ा मिलता है,
परिंदे तोड़ देते है परवाज़ों की हदों को,
जब हवा पे दोस्तो का काफिला मिलता है !!

अगर हद से आगे निकल जाइएगा,

तो रुक रुक के थोड़ा संभल जाइएगा,

मेरे आंख में है ज़माने कि आतिश,

अगर अश्क निकला तो जल जाइएगा,

अगर हो ख़ुशी का मुखालिफ ज़माना,

तो गम के ही सांचे में ढल जाइएगा,

तुम्हे ये लगे की मैं हूं बेवफ़ा गर,

तो हक है तुम्हे भी बदल जाइएगा !!

गिरा के अश्क धरती पर वो जब गौहर बनाता है,

तो चुन चुनकर वो उन याद का ज़ेवर बनाता है,

के इन ठंडी हवाओं को भी वो कर देता है शर्मिंदा,

के जब शर्दी में वो अखबार का बिस्तर बनाता है,

अगर खाना ही है जब ज़ख़्म तो ये सोचकर उसने,

तो ठोकर मार के पहले से दिल बेहतर बनाता है,

के रण को छोड़ के मैं भाग जाऊं हो नहीं सकता,

मैं अपने हौसलों को बांधकर तेवर बनाता हूं,

के तुझसे मिलना होता है मुझे जब ख़्वाब में "आलम",

तो पहले नींद के धागों से इक चादर बनाता हूं !!

काफ़ी अर्सा हो गया है,

वो बेवफ़ा हो गया है,

ये अब भी मरता है उसपे,

दिल बेहया हो गया है,

दिल आईना कर दिया मैंने,

वो पत्थरों सा हो गया है,

इक नज़र देखा था उसे,

आंख पारसा हो गया है,

वो रोया किसी के दर्द पर,

ये उसे क्या हो गया है,

इश्क़ में दर्द बहोत है,

इश्क़ हादसा हो गया है,

वो गले आ लगा है "आलम",

ये तो मौजज़ा हो गया है !!

और तुझसे क्या मेरे यार लूंगा मैं,

जो भी लूंगा बेकार लूंगा मैं,

तू आईना रख के गर सामने आए,

तो अपनी सूरत संवार लूंगा मैं,

तुझे वफ़ा सिखाने के लिए,

मौत से ज़िन्दगी उधार लूंगा मैं,

मेरा उतरन कौन पहनेगा भला,

गर रूह से जिस्म उतार लूंगा मैं,

मुझको यूं ना जाओ छोड़कर "आलम",

# 2. Neha viswakarma

Neha Vishwakarma

रंग रूप हुस्न
सब उतार के आयी हूं,
तेरे लिए आज मैं
सादगी के लिबास में आयी हूँ.....
हया लाज खामोशी के
घूँघट निकाल के आयी हूं,
मुस्कान हसी प्रेम का भंग
चढ़ा के आयी हूं...
तकदीर से लड़के
तुझे खुदा से छीन के लायी हूँ,

तु मेरा नहीं इस कालिख को
किस्मत से निकाल के आयी हूं....

मैं बंजार

मैं छुप जाती हूँ

अक्सर जब वो मुझे निहारता है,

मैं चुप रह जाती हूँ

जब वो मुझसे इश्क़ जताता है...

कैसा रिश्ता है

कौन है वो

जो मुझ बंजारन से

हर कहीं मिल जाता है...

बचकर निकल जाती हूँ

पर खामखा हर दरवाजे पर टकराता है...

मुझे भी प्रीत है मेरे उस प्रेमी से

पर दिल दूरियों से घबराता है....

वो महलों का शहजादा

और मुझे बंजारन कहा जाता है..

छुप जाती हूँ

अक्सर जब वो मुझे प्रेमवश निहारता है,

चुप रह जाती हूँ

जब वो मुझसे इश्क़ जताता है.....

मैं बंजारन ? 2

उसके खुले हुए

बिखरे से कुछ बाल,

रिक्शे की खिड़की से

उलझकर खेल रहे थे,

मै देख रहा था उसे

वो देख रही थी मुझे...

कानों के पीछे करती

कभी आखों के उपर से हटाती

बेबाक हवा मे झूम रहे थे,

नजर एक पल झुकी थी मुझपर

और मैं रुका था उसपर...

वो बैठी थी रिक्शे में

मैं सवार था बाइक पर,

वो बंजारन थी एक सुन्दर

जो लौट चुकी है अपने घर पर.....

महादेव

रक्त का अंत हूँ

आदि हू अनंत हूँ

काल का आज हूँ

विकारों का वैराग हूँ

भस्म का सिरमौर हूं

मैं ही मैं चहुँ ओर हूँ..

रागी का राज हूँ

श्मशान का साज हूँ

मन की दिशा हूँ

घमंड की निशा हूँ

तुझमे भी मै हूँ

मुझमे भी मै हूँ

मैं ही मैं हूँ

मैं में भी मैं हूँ

अग्नि का लाल हूँ

मैं महाकाल हूँ....

मिट्टी का तन

मिट्टी का तन है

फिर काहे का रोना,

जो तेरा नहीं कभी

क्या उसे खोना..

रौब तेरा नहीं

रुतबा नहीं तेरा,

अंत में है सबको

मिट्टी में ही सोना...

रोना बिलखना

क्षणिक मोह है,

तु तेरा ये मेरा

बस दर्द और कोह है...

मुस्कुराती आखें

ओझल होनी हैं,

मलमल के कपड़े में

इसे भी धोनी है...

# 3. Shabir Beliha

Enter Caption

छोड़ कर वो घर अपना अब ज़माने की बात करते है
क़तरे-क़तरे को तरसने वाले मयखाने की बात करते है
गुज़ार दी अपनी जवानी जिसने भीख मांगकर खाने में
मज़ाक तो देखिए... बचपन में कमाने की बात करते ह

है बहुत मतलबी ये दुनियां अज़ब दस्तूर है यहां के लोगो
का

लगाते है आग ख़ुद फिर.......... बुझाने की बात करते है
अपने हक़ के लिए वो लड़ बैठे थे बादशाह-ए-वक्त से
फौलाद था सीना जिनका उन्हे डराने की बात करते है
बदन जिसका है तरबतर रात दिन मेहनत के पसीने से
नासमझ है.. मारकर पानी उन्हे भागने की बात करते है
था करीब जब तक उसके क़दर ना हुई हमारी शाबिर
उजाड़ कर आशियाना मेरा बनाने की बात करते है

नौकर भी मालिकों पर सरदारी करें है

चोर ही खज़ानों की पहरेदारी करें है

उम्मीद करे भी तो क्या करे हम ग़ैरों से

जहां अपने ही अपनो से गद्दारी करें है

बेच रहा वो हर चीज वतन की धीरे-धीरे

और बैठकर हम उसकी तरफदारी करें है

क़बिल न थे मुल्क़ संभालने को गिरा दिया फ़र्श पर

इल्ज़ाम देखिए ज़रा ये काम भी बीमारी करें है

क़ानून की क़िताब को अब करके दर-क़िनार

क़ातिलों को कुर्सी बेगुनाहों की गिरफ़्तारी करें है

लुट रही है हर रोज़ बहन-बेटियों की आबरू शाबिर

अफ़सोस हम चोर चौकीदार की चौकीदारी करें है

कहीं गुलाब तो कहीं कमल निकले..

जब भी वो मेरे कूचे से.. टहल निकले..

गर मिल जाती नज़रे यकीनन डूब जाते...

बड़े होशियार थे.. संभल निकले.

इज़हार-ए-इश्क़ भी क्या गज़ब था उनका...

जब भी मिले.. कर के क़तल निकले.

डरते थे उन्हें समझना मुश्किल ना हो...

हुई मुलाक़ात.. तो बेहद सरल निकले.

कितनी मोहब्बत करता है मुझसे क्या बताए शाबिर...

मेरी फिक्र में जैसे.. वो मेरी मां के नकल निकले.

तेरे ख़्वाब की ताबीर बदल देंगे..

हम सियासत की तासीर बदल देंगे.

हमे ज़ेर समझने की गलती ना कर..

आज तुम्हे बना दिया काहिर, कल काहिर बदल देंगे.

अभी जितना बनना है बन लो फ़ाख़िर..

आयेगा वक़्त तो नाज़िर बदल देंगे.

हम अक्कास है.. हमसे ना उलझ..

कूंची से हम तेरी तस्वीर बदल देंगे.

ना करो परेशां हमें.. सुखनवर ही रहने दो..

गर उठायेंगे शमशीर तो तेरी तक़दीर बदल देंगे.

# 4. -Harsh jaiswar

Enter Caption

तेरे इश्क में मै खुद कुर्बान हो जाऊं
जैसे बनारस की गलियों में गुमनाम हो जाऊं
तू बने कुल्हड़ तो मै तुझमे समा कर तेरे होठों पर
लगने वाला चाय बन जाऊं।
तू बने कोई अफसरा तो मै तेरे बालों में
लगने वाला गुलाब हो जाऊं।
ऐसे ही तेरे इश्क में मै खुद कुर्बान हो जाए।।

तेरे गालो को चुमू जैसे तेरे कानों

का झुमका बन जाऊ।

तू अगर बने गंगा नदी तो तुझसे टकराने

वाला बनारस का घाट हो जाऊ।

तू बने कोई रानी तू तुझपे सजने

वाला मै तेरा सरताज हो जाऊ।।

ऐसे ही तेरे इश्क में मै खुद कुर्बान हो जाऊ।।

तू बने नदिया का पानी तो उसपे तैरने

वाला मै नाव बन जाऊ।

तू बने चंदन तो मै तुमसे लिपटने

वाला साप बन जाऊ।।

तू बने सुखी पत्ती तो मै जलने

वाला अलाव हो जाऊ।।

ऐसे ही तेरे इश्क मै खुद कुर्बान हो जाऊ।।

# 5. शिवांगी

Enter Caption

जिन्दगी की कुछ लड़ाईयां ऐसी भी होती हैं।
जो आप को अकेले ही लड़ना पडता हैं।
आप किसी को बता भी नहीं सकते हो,
उस समय हीरो भी आप होते हो,
और विलेन भी आप होते हो,

जीते तो आप का फायदा ,
हारे तो आप का ही नुकसान।
शिवांगी

• 34 •

# 6. ऋषिकेश रोशन

Enter Caption

संगमरमर सा तराशा हुआ ये तेरा बदन
हमारे जां का दुश्मन हुआ ये तेरा बदन!
होंठ के तील,आंखों का सुरमा कातील
खुदा के हाथों नवाजा हुआ ये तेरा बदन!

मुशाफीरो को बीच राह से भटका दे
कितनों का निशाना हुआ ये तेरा बदन!
मैं क्या लिखूं क्या सूनू तेरे बारे में जाना
तारीफों का खज़ानाहुआ ये तेरा बदन!
फ़कत कोई ग़ज़ल लिखने वाला तो हो
शायरों का ठिकाना हुआ है ये तेरा बदन!

आकर हमारे साथ सबकी नज़रों में ख़्वाब कर दीजिए
छू कर अपने गोरे हाथों से हमें लाजवाब कर दीजिए!

काटां बने फिरते हैं सबकी नज़रों में अब तो हम भी
हाथ में हाथ लेकर मुझे भी महकता गुलाब कर दीजिए!

अब मयखाने के जाम का कोई भी असर नहीं मुझ पर
पीलाकर आंखों का जाम़ खुद को शराब कर दीजिए!

जो तेरे गिरफ़त में आ जाए वो मदहोश हो जाए ज़ाना
एक बार बाहों में भर कर मुझको भी बेताब कर दीजिए!

बहुत तेज है तुफां की रफ्तार अल्लाहा खैर करे
मिट्टी की है घर की दिवार अल्लाहा खैर करे!

चंद पैसों के लिए किस के सामने हाथ फैलाये
हार का मुफलिसी है जिम्मेदार अल्लाह खैर करे!

जिस चेहरे को मैंने कभी देखा ही नहीं जीते जी
मरने के बाद उसका होगा दिदार अल्लाह खैर करे!

शादी के बाद पहली बार शहर से गांव आ रहा हूं
ये सफ़र हो रहा है बड़ा दुश्वार अल्लाह खैर करे!

ना नौकरी लगी ना तुम हो साथ मेरे मेरी जान
पढ़ा-लिखा समेस्टर गया बेकार अल्लाह खैर करे!

अब उजाले की जरूरत कहां मेरे मकान में दोस्त
दिन कटता है मगर रात कैसे काटूं यार अल्लाह खैर करे!

ये करेंगे वो करेंगे सब करेंगे कुछ नहीं तो गज़ब करेंगे
झूठे ही वादे करते हैं ये वाली सरकार अल्लाह खैर करे!

हम कोरे पन्ने पर जिंदगी का सफर लिख रहे हैं
जब से तुम रूठे लोग कहते हैं जहर लिख रहे हैं!

उसकी तारीफ में जाम़ शाम ,गुलाब सब कम है
इनसबके बदले उसकी पतली कमर लिख रहे हैं!

बनाई थी मैंने तेरी एक तस्वीर जलाने के खातीर
उसे भी दुनिया वाले मेरा ही हुनर लिख रहे हैं!

खुदा के नाम पर ही हटा लो आंखों से ये पर्दा
वरना हम भी अपने जिंदगी की कब्र,लिख रहे हैं!

हमें नहीं शौक पुरी दुनिया घुमने का अब ज़ाना
तेरे दो कदम साथ चलने को पुरा शहऱ लिख रहे हैं!

बहुत ही उम्दा पागल हो गये इस दुनिया के लोग
हां सिर्फ तेरे लिए पागल हुए हैं दुनिया के लोग!

सुना है तुम्हे भी पागलों से बेहद लगाव है ज़ाना
इसी भरोसे पर ही पागल हुए हैं दुनिया के लोग!

तुमने कभी भी जो किसी को पागल कह डाला
पागल सुनने के लिए पागल हुए हैं दुनिया के लोग!

दरख़्तो को काट कर परिंदों को कैद करते हैं लोग
कितने गज़ब के पागल हो चुके हैं दुनिया के लोग!

# 7. सोनम राज

एक दिन खुद को आजाद कर के देखो,
खुद से कुछ बात कर के देखो।
जिंदगी की तकलीफ़ को कल देख लेना,
आज अपने अच्छे पल को याद करके देखो।
एक दिन खुद को आजाद कर के देखो।

दिन का हर लम्हा सिर्फ तुम्हारा होना चाहिए,
खुद से मुलाकात के लिए एक बहाना होना चाहिए।
कुछ देर के लिए इस मतलबी दुनिया से दूर हो जाओ,
सिर्फ आज के लिए खुद के हो जाओ।
अपने सुबह को एक दिन शाम करके देखो,
खुद के लिए समय नहीं मिलता ,
दौड़ - भाग जिंदगी में बहुत ज्यादा है।
रात में भी बताना पड़ता है, की अब सो जाना चाहिए।

एक दिन खुद को आजाद कर के देखो ,
दूसरों से मिलने की जगह खुद से मुलाकात कर के देखो ।

सब के लिए तो करते ही हो ना,
आज खुद के लिए जी कर देखो,
एक दिन खुद को आजाद कर के देखो।

मुझे बताना है, अब बदल गई हूं मै,

प्यार तो आज भी है, अब जताना भूल गई हूं मै।

गुस्सा तो आज भी आता है,

पर अब गुस्सा दिखाना भूल गई हूं मै।

तुमसे बात करने की तलब तो आज भी है,

मगर अब उस तलब को दिल में दबाना सीख गई हूं मै।

आज भी तुम्हारी परवाह है,

मगर दिखाने को बेपरवाह हो चुकी हूं मै,

दिल में दर्द आज भी है, उस दर्द को छुपाना सीख गई हूं मै,


मुझे बताना है कि अब बदल गई हूं मै,

हां अब फिर से मुस्कुराना सीख गई हूं मै

तुम्हें भुलाने के जिद में खुद को खोती जा रही हूं,
तुम्हारे उस बेजान सी खतों को बस पढ़ती जा रही हूं।
तुम्हारे अल्फ़ाज़ आज भी जिंदा है मेरे पास,
पर खुद में बेजान होते जा रही हूं।
तुम्हें भुलाने की जिद में खुद को खोती जा रही हूं,
बिखरी चीजें पसंद नहीं है मुझे,
उन्हें समेटने की चाह में खुद को बिखेरती जा रही हूं।
एक तुम्हें भुलाने की जिद में खुद को खोती जा रही हूं।
पहले तो हर छोटी छोटी बातों पर मुस्कुरा दिया करती थी,
पर अब बस रोए जा रही हूं।
खुद के ही बनाए रिश्ते में उलझते जा रही हूं,
तुम्हें भुलाने के जिद में खुद को खोती जा रही हूं।

# ८. सौरभ

ज़माना लाख करता चाहे निंदा रहेगा,
ग़लत करने वाला हमेशा शर्मिंदा रहेगा,
मार डालो,चाहे वजूद ख़ाक में मिला दो,
फ़िर भी ज़ेहन में ये शायर जिंदा रहेगा,
खुदकुशी करने वाला शख्स जैसा भी हो,
ज़माने की नज़रों में कायर वो बंदा रहेगा,
सर झुका लेता है जो ग़लत होते देखकर,
यकीनन आंख होते हुए भी वो अंधा रहेगा,

गर निभाने लगे सब रिश्तों को रिश्ते समझ,
फिर तो बेवफाओं का बाज़ार मंदा रहेगा,
जो बन गया इश्क़ गलती से व्यापार यहां,
तो सबसे आगे यहां जिस्मों का धंधा रहेगा,
गर बांटते रहे, लड़ते रहे जो खुद में ही सब
इंसान मिट जाएगा"सौरभ"बचा दरिंदा रहेगा।

छोड़ पढ़ाई, रुचि लेता है वो अब कमाने में
मुफलिसी बीमारी है सभी जानते हैं ज़माने में,

कोई सोता है तोशक और गद्दे की बिस्तर पर
किसी को तकिया भी नसीब नहीं सिरहाने में

कोई बांट देता है घर को कई छोटे टुकड़ों में,
किसी को ज़माना लगता है, उसे घर बनाने में,

मोहब्बत मां बाप से तुम बेशुमार करते हो तो,
फ़िर वक्त क्यूं लग रहा है लौट कर घर आने में,

जीत तब जीत नहीं होती जब उजड़े जिंदगी,
कभी कभी खुशी मिलती है यहां हार जाने में,

प्यार है तुम्हें तो परिंदों से तो पेड़ भी लगाओ,
ज्यादा मेहनत नहीं लगती,एक शज़र लगाने में,

उम्मीदों के पर लगा ख़ुद को हौसला दो " सौरभ"
नाम होता है उसका ही जो लड़ता है ज़माने में।

उन्हें समझ नहीं आई मजबूरियां,तो करना मुझे बहाना पड़ा,
घर को टुकड़े में देख नहीं सकता था,इसलिए घर जलाना पड़ा,

होश में आ गए फ़िर सभी, जो देखा उन्होंने सब कुछ उजड़ते,
एकता में ही ताकत है, उन्हें ख़ुद को बर्बाद कर समझाना पड़ा,

ना समझ सका था इश्क़ मैं, ठुकराया था किसी के इश्क़ को,
उसकी आंखों में आंसू देख फ़िर मुझे उसी से दिल लगाना पड़ा,

गलती किसी और ने की थी, साज़िश मेरे साथ रची गई,
इल्ज़ाम जो लगा मुझपर, तो मजबूरन मुझे उसे अपनाना पड़ा,

जब सच का चोला पहन झूठों ने सच की छवि को दागदार
किया,
सच को सामने लाने के लिए मुझे ख़ुद को दागदार करना पड़ा।
सौरभ कुमार

तेरी आंचल से लिपटकर संवर जाऊंगा मैं,
जो तू ना हो, तो फ़िर किधर जाऊंगा मैं,

मां, मैं तो किसी शीशे जैसा हूं, बिन तेरे,
हल्की भी चोट लगी तो बिखर जाऊंगा मैं,

ज़माने की बातों को दरकिनार रखता हूं,
तेरा हाथ है सर पे, तो निखर जाऊंगा मैं,

क्या तुझे अपने परवरिश पर यकीन नहीं,
कैसे मान लिया तूने की बिगड़ जाऊंगा मैं,

जो भी कहे, वही मुकम्मल मंज़िल है मेरी,
अपनी मर्जी से ना इधर - उधर जाऊंगा मैं,

गम की परछाई, तुझ से कोसों दूर रखूंगा,
तेरी ख़ुशी के लिए हद से गुज़र जाऊंगा मैं।
सौरभ कुमार

# 9. बिकने लगा है

छपकर बिकने वाला अखबार भी,अब बिक कर छपने लगा
है,
उसुलों पर चलने वाला इंसा भी, फरेबों के हाथ बिकने लगा
है।
असल मुद्दा का आंदोलन ही नहीं होता है समाज में,
राजनीति के दलालों के हाथ देश हर वक्त बिकने लगा है।
सच्चाई का कोई मोल नहीं, अब पैसों से सब बदल सकता
है,
पैसों के खातिर बाजार में इंसानी लाश तक बिकने लगा है।
दिखाओ कभी अखबार में समाज के इस हाल को,
जहां मिलना चाहिए रोटी वहां बेटियों का देह बिकने लगा
है।
इससे भी क्या हाल बुरी होगी अब इंसान की,
गुलामी से बदतर माहौल अब आजादी में दिखने लगा है।
प्रीतम प्रसून